# LÉGENDE

DE

# SAINTE MATIE

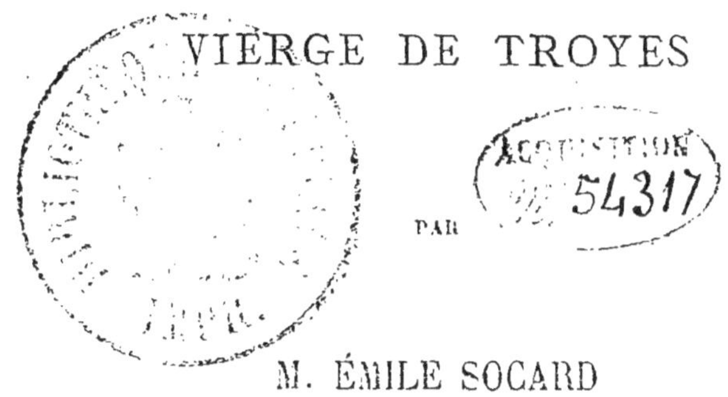


VIERGE DE TROYES

PAR

M. ÉMILE SOCARD

Bibliothécaire-adjoint de la ville de Troyes

TROYES

IMPRIMERIE DUFOUR-BOUQUOT

rue Notre-Dame, 43

1862

# LÉGENDE

DE

# SAINTE MATIE

## VIERGE DE TROYES

---

Vers la fin du premier siècle ou au commencement du second après Jésus-Christ, naquit à Troyes, suivant la tradition, une vierge que l'antiquité qualifie du titre de royale, soit qu'elle sortît de la maison qui gouvernait alors la ville de Troyes et tout le pays des Tricasses, soit qu'elle tirât son origine seulement d'une des plus nobles familles du pays. D'après Desguerrois, cette opinion serait fondée sur l'état où sainte Mâtie fut trouvée dans son tombeau, puisque, dit-il, « on a trouvé du pourpre dont elle était enveloppée, dans sa châsse, et même dans son tombeau, » et de plus sur l'existence d'une tour attenante à la maison de la sainte, près de la cathédrale, au coin du *Pont-Ferré*, laquelle maison portait pour enseigne : *A la tour Sainte-Mastie.* Selon d'autres, notre sainte aurait été simplement fille ou servante d'un boulanger, toujours au même lieu, et aurait distribué aux pauvres de grandes aumônes de pain, sans que la quantité en diminuât. Cette seconde opinion n'est appuyée sur aucun document et même sur aucune donnée ; et, si la première n'est pas plus certaine au point de vue de l'histoire, au moins elle a pour elle plus de probabilité. Quoi qu'il en soit de ces deux opinions, disons que les actes de sainte Mâtie nous sont absolument inconnus. Desguerrois donne pour raison du silence qui couvre la vie de cette sainte, que, dans les deux premiers siècles de l'Eglise, nous n'avons point d'histoire de ce qui s'est passé au diocèse de Troyes, et c'est pourquoi il pense que la naissance de sainte Mâtie doit être placée à la fin du premier ou au commencement du second siècle. Comment se ferait-il en effet qu'une sainte dont le nom a traversé les âges, dont les reliques ont opéré mille merveilles, n'eût pas excité de son temps l'admiration de ses concitoyens et qu'aucun n'eût recueilli les actes de son admirable vie?

On pense que sainte Mâtie souffrit le martyre; et ce sentiment n'est pas dépourvu de vraisemblance. En effet, son corps fut enseveli sous un autel, et l'on sait que cet honneur, suivant l'ancienne discipline de l'Eglise, n'était accordé qu'à ceux qui avaient versé leur sang pour Jésus-Christ. De plus, il était enveloppé d'un linceul de pourpre : ce qui, chez les premiers chrétiens, était une marque distinctive des martyrs. Enfin, ajoute Courtalon, ce qui confirme encore cette pensée, c'est que, lorsque l'évêque René de Breslay visita ses reliques en 1606, on remarqua que la tête était détachée du corps, comme si elle eût été décapitée. Après la mort de sainte Mâtie, son corps fut déposé dans la chapelle du Sauveur qu'avaient élevée saint Potentien et saint Serotin, près de la maison ou dans la maison même de cette sainte. C'est l'opinion de Desguerrois. « De ma part, dit-il, je me persuaderais volontiers que son père ou son aïeul étant homme noble, bien apparenté, appartenant au gouverneur et comte de Troyes, ou à quelque autre seigneur, ou lui-même l'étant, fut l'hôte bienheuré de saint Potentien et de saint Serotin, et que, comme Pudens, noble sénateur romain, père de saint Nonat, saint Timothée, sainte Praxède, et sainte Pudentienne, reçut en sa maison saint Pierre, qui les convertit tous à la foi chrétienne, et en cette maison y bâtit et fit une chapelle, la première sainte église de Rome; ainsi l'aïeul ou le père de sainte Mastie reçut en son logis saint Potentien et saint Serotin, qui les convertirent tous à Dieu, desquels était la vierge sainte Mastie ; et, depuis, ce saint prélat y fit ce premier lieu d'oraison qui est la CHAPELLE DU SAUVEUR, dédiée à JÉSUS-CHRIST, sous le nom de Saint-Pierre. Aussi la sainte y a été ensépulturée, ou bien proche ; et relevée qu'elle fut du tombeau, et mise en une châsse digne de sa sainteté, est toujours demeurée en la même chapelle, jusqu'à nos jours présents où elle est encore reposante et honorée. »

Nous avons dit que sainte Mâtie était vierge. En effet, une prose que l'on chantait dans l'église de Troyes au IXe siècle nous a déjà appris que sainte Matie, vierge royale, était native de Troyes. Ajoutons, avec Camusat, que sa virginité était la conséquence d'un vœu. Nous pouvons donc, comme le pieux Desguerrois, accepter cette antique tradition de nos pères, qui nous représente la vierge de Troyes vivant en continuelle oraison dans cette CHAPELLE DU SAUVEUR, où le céleste époux qu'elle a choisi vient inonder tellement son âme de joie et de consolation, qu'elle ne peut s'arracher de ce lieu de délices. Aussi, en récompense de l'amour et de la pureté virginale de son épouse, l'amant divin n'a pas voulu que la pourriture souillât les os de sa bien-aimée, et son corps est demeuré tout entier sans corruption.

Camusat, parlant de notre sainte, l'appelle *vierge incomparable* : ce qui prouve que, si l'on ne connaissait pas les détails de la vie angélique de sainte Mâtie, on savait du moins qu'elle avait été brillante de vertus et pleine de mérites. C'est ce que témoigne, dans sa *Chronique*, Robert, moine de Saint-Marien d'Auxerre, lorsque, en parlant de sainte Mâtie, il l'appelle *vierge élue de Dieu.*

Le culte de sainte Mâtie est très-ancien dans l'Eglise de Troyes. Dès le IXe siècle, elle était honorée d'un culte public; et saint Prudence, évêque de Troyes, en parle dans son discours sur la vie de sainte Maure, inséré dans Camusat. Il nous apprend que sainte Maure, quand les matines de la cathédrale étaient terminées, s'en allait à l'autel où reposait le corps de sainte Mâtie, l'embrassait étroitement et le couvrait de baisers ; qu'ensuite, après l'heure de sexte célébrée par les frères, la même sainte retournait se jeter au pied de l'autel qu'elle arrosait de ses larmes en se voyant forcée de le quitter. Tel est le témoignage de saint Prudence ; et ce fait, il le rapporte comme en ayant été le témoin oculaire. C'est l'acte le plus ancien que nous ayons sur le culte de sainte Mâtie : Camusat le place en 840 et Desguerrois en 845.

En 980, le 7 mai fut un grand jour de fête pour les Troyens. Milon, évêque de Troyes, faisant augmenter l'église cathédrale qui portait alors le nom de Monastère-de-Saint-Pierre, fit détruire l'autel de l'ancienne église, qu'il savait renfermer le corps de sainte Mâtie. D'abord il avait trouvé les tombeaux de plusieurs prélats illustres, ses prédécesseurs; ensuite, en fouillant plus avant, il trouva enfin le précieux cercueil de la vierge troyenne, immédiatement placé sous celui d'un évêque qui avait voulu, pour ainsi dire, s'en constituer le gardien. Touchante et admirable idée des premiers fidèles : quand ils mouraient, leur vœu le plus cher était d'être ensevelis près des saints martyrs.

A l'ouverture du tombeau de notre sainte, l'évêque Milon trouva le corps précieux enveloppé de pourpre, et aussi bien conservé que s'il avait été enterré la veille. Tout le peuple, accouru en foule, le reçut avec le plus grand honneur. Le saint corps fut exposé à la vénération des fidèles et déposé sur un autel où il resta plusieurs années. Enfin, la nouvelle église étant terminée, on le transporta avec honneur, au milieu d'un concours immense de peuple, près de l'autel, dans une chapelle située au nord du chœur et dédiée à saint Jean-Baptiste.

Depuis cette époque, les miracles opérés par l'intercession de sainte Mâtie se sont multipliés et ont perpétué son culte dans le diocèse de Troyes; tous les ans, le 7 mai, jour de sa fête, on voyait dans la cathédrale un grand concours de peuple qui venait révérer ses saintes reliques. C'était une grande fête chômée, non-seulement pour le peuple de Troyes, mais encore pour toute la Champagne. On y venait en pèlerinage; et la chapelle de la sainte était littéralement assiégée. Les jeunes filles des campagnes se faisaient surtout remarquer par leur empressement; elles portaient à la main des narcisses ou des tulipes qu'elles faisaient toucher à la châsse. De là le nom de Fête des *Viergeottes* et Fête des *Gogues*.

Pendant bien longtemps on garda la coutume de passer les nuits entières près de la châsse de sainte Mâtie; et ces veilles duraient toute l'octave de la fête. Ce ne fut qu'en **1446**, le lundi **2** mai, que le chapitre de Saint-Pierre ordonna qu'on n'y veillerait plus, à cause de certains désordres qui s'étaient glissés dans cet usage. Cent ans plus tard, 3 janvier **1543**, le même chapitre empêcha de vendre aucune marchandise aux environs de l'église, le jour de la fête de sainte Mâtie, pour que la piété des vrais fidèles ne fût pas distraite.

A toutes les époques, dans les temps de disette et de calamités publiques, la châsse de sainte Mâtie fut exposée à la vénération des fidèles ; et, aux processions publiques, elle était portée dans les rues de la cité avec les saintes reliques de saint Loup, de sainte Hoylde, de sainte Hélène et de saint Savinien. On croyait alors, et avec raison, que le fléau devait s'enfuir à l'approche de ces saints protecteurs.

Mais le culte de sainte Mâtie n'était pas renfermé seulement dans la ville de Troyes et dans la Champagne ; nous le voyons traverser les limites de la province et s'implanter dans la capitale du royaume. En effet, l'abbé Lebœuf nous apprend que l'église de Troyes fit présent aux chartreux de Paris de quelques reliques de cette sainte. Plus tard, en 1630, la reine Anne d'Autriche, qui était alors à Troyes, désira assister à l'ouverture de plusieurs châsses, et surtout à celle de sainte Mâtie; et l'évêque René de Breslay donna à cette princesse une portion du corps de la sainte. Cent ans après, la ville d'Auxerre vint aussi honorer la vierge d'un culte particulier.

Voici une affiche qui constate dans cette ville l'existence d'une confrérie en son honneur. Elle a été imprimée à Troyes, le 8 mars 1731, par Jacques Lefebvre. Qu'on nous permette de la reproduire ici textuellement ; elle est très-rare, car nous n'en connaissons qu'un seul exemplaire.

CONFRÉRIE DE SAINTE MATIE ÉRIGÉE EN L'ÉGLISE DE SAINT-MAMERT D'AUXERRE.

**Vous qui, comme une belle aurore,**
**Brillez dans la sainte Sion,**
**Vierge illustre, dont Troye implore**
**La puissante protection ;**

Astre benin, qui pour nous veille,
Portez nos vœux jusqu'à l'oreille
Du puissant monarque des cieux ;
Agréez le sincère hommage
Qu'au défaut d'un parfait langage
Vous présentent nos cœurs pieux.

Vous membres féconds en miracles,
Que révèrent les nations,
De l'enfer, malgré mille obstacles,
Font fuir les noires légions.
Dans la douleur qui le tourmente,
L'infirme d'une fièvre ardente
Ne sent plus son sang agité :
Les lépreux, les paralytiques,
En touchant vos saintes reliques,
Reçoivent l'entière santé.

Tout le peuple assemblé vous prie :
Recevez nos vœux et nos dons ;
Impétrez à votre patrie
Le salut que vous demandons.
Attirez sur nos cœurs stériles
Ces grâces que tant d'autres villes
Du Seigneur obtiennent par vous.
Montrez, exauçant nos prières,
Combien nos âmes vous sont chères,
Et calmez le Ciel en courroux.

Qu'une si sainte protectrice,
Que nous invoquons en ce jour,
Seigneur, vous touche et nous remplisse
Du feu de votre pur amour ;
Qu'une vierge à vos lois fidèle,
Nous conformant à son modèle,
Nous rende humbles, chastes, parfaits.
Et nous fasse braver l'amorce

**Du malin esprit qui s'efforce**
**A nous surprendre en ses lacets.**

**Faisons des prières publiques,**
**Pour fléchir le Ciel irité ;**
**Exaltons par mille cantiques**
**L'indivisible Trinité.**
**Gravons tous dans notre mémoire**
**D'un Dieu la puissance et la gloire,**
**Qui brillent par tout l'univers :**
**Prions la divine clémence**
**De nous mettre au port d'assurance**
**Parmi tant d'orages divers.**

De nos jours la fête de sainte Mâtie n'offre plus ce concours immense de pèlerins de tout âge, de tout sexe, de toute condition, qui venaient à jeun apporter leurs offrandes au pied de ses saintes reliques, et s'en retournaient ensuite le cœur joyeux, emportant dans leurs foyers une simple fleur qui avait touché les restes bénis de la vierge troyenne. Pèlerins, fleurs, tout a disparu, hormis les os vénérés de la sainte. Espérons du moins qu'elle conservera toujours, dans le cœur des vrais chrétiens, un sanctuaire inviolable, que ne saurait renverser le souffle de l'impiété et de l'indifférence.

Troyes, imp. Dufour-Bouquot.

www.ingramcontent.com/pod-product-compliance
Lightning Source LLC
LaVergne TN
LVHW020510230826
846091LV00008BA/3431

*9782012468900*